www.tredition.de

AF177379

Uwe Eibel

Radsport
Weisheiten

mit einem Augenzwinkern gereimt

www.tredition.de

© 2021 Uwe Eibel

Verlag und Druck:
tredition GmbH, Halenreie 40-44, 22359 Hamburg

ISBN
Paperback: 978-3-347-25746-7
Hardcover: 978-3-347-25747-4
e-Book: 978-3-347-25748-1

Zum Start:

Es gibt manch Weisheit ohne Sinn,
wie auch in diesem Büchlein drin.

Lies es locker und mit Humor, denn
dieser kommt immer seltener vor.

Ich hoffe du kannst lachen, bei den
Witzen, diesen flachen.

Sie sind für Radler, habe ich mir ge-
dacht, doch haben auch andre schon
gelacht.

Verschwende keine Zeit und mach
zum Schmunzeln dich bereit.

RADSPORT WEISHEITEN

Hüllt der Himmel sich im Trüben, will
der Radsportler nicht üben!

Blitzt die Sonne kurz am Himmel,
herrscht sofort Radfahrergewimmel!

Hat's die Speichen dir verbogen,
gibt's Gefluche Richtung oben!

Ist der Regen viel zu krass, macht's
dem Radsportler nicht wirklich Spaß!

Kommt das Wasser wie gegossen, ist
der Radrennfahrer oft unentschlos-
sen!

Ist am Renntag schlechtes Wetter,
gibt's schon morgens viel Gemecker!

Ist die Wampe weich und lappig, wird
die Bergetappe happig.

Ist die Kette erst mal rechts, wird umgehend schwer gelechzt.

Ist das Bremsseil dir geborsten, hüte dich vor Straßenpfosten.

Ist die Steigung mal extrem, brennt's im Schenkel unangenehm.

Ist die Geschwindigkeit dir viel zu hoch, fliegst garantiert beim nächsten Loch.

Hast beim Sprint nen schlechten Platz, war's umsonst die ganze Hatz.

Fährst dir nen Nagel in den Reifen, hörst sicher gleich ein Pfeifen.

Haut's die Luft dir aus dem Schlauch, fliegst auf die Fress' dann meistens auch.

Hast am Hinterrad nen Lutscher kleben, wird's den falschen Sieger geben.

Ist der Puls bei zweihundertzehn,
musst a bissl zurück dreh'n.

Hat's dich in der Kurve g'schmissn,
hast den Sieg erst mal verschiss'n.

Bei Reifenplatzer mit Lenkerverriss,
ist die Landung ungewiss.

Hast du am Hintern eine Wunde,
zählst bei der Ausfahrt jede Stunde!

Wen der Planet vom Himmel sticht,
ist a Radltour a riesn G'schicht.

Kommt der Regen nicht mehr runter, wird der
Radfahrer gleich munter!

Mit nem Weissbier in Gedanken, übersieht man
leicht die Schranken.

Hast dein letztes Korn verbrannt,
wirst rasch vom Felde überrannt.

Holst dir a Scheuerstell' am Sackl,
liegt's bestimmt am harten Sattel!

Der Gegenwind ist dir gewiss und
wenn es erst am Rückweg ist.

Bei starkem Wind von vorn, bist an
der Spitze du verloren.

Meist rast heran ein Hintermann,
wenn man eh schon nimmer kann.

Mit zu wenig Bremsbelag am Alpen-
pass, wird's bald in der Hose nass.

Siehst's in der Hitze nur noch flimmern, musst dich um Getränke küm-
mern.

Wer wie der Teufel fährt kann schnell
dem lieben Gott begegnen.

Bei Gegenwind da fährt man hinten,
denn vorne muss man sich bloß
schinden.

Macht der Radler einen Stürzer, ist sein Rennen sofort kürzer.

Ist die Sonne endlich da, entlockt's dem Radler ein Hurra.

Fährst an den Bordstein mit lautem Kracher, hast bestimmt an fetten Achter.

Bist du schon grau und drohst zu kippen, brauchst nen Riegel zwischen die Rippen.

Lieber im Pulk nen hohen Schnitt, als allein im Wiegetritt.

Machst in der Kurve einen Schlenker, segelst mit Vollgas über den Lenker.

Siehst auf deinem Tacho „50" leuchten, wird sich schnell dein Trikot feuchten.

Siehst ein Schild mit 19 Prozent, hast die Umgehung schon verpennt!

Fühlen sich die Beine an wie Blei,
brauchst die nächsten Tage frei.

Springt die Katze auf die Straß, wird
die ganze Truppe blass.

Stürzt der Vordermann im Peloton,
haben die Verfolger auch was davon.

Hast du Fliegen tief im Schlund,
hältst nächstens besser mal den
Mund.

Hört man dich von weitem hecheln,
entlockt's dem Gegner gleich ein Lä-
cheln.

Kleben die Fliegen dir am Rücken,
musst a bissl fester drücken.

Ist das Ziel noch weit voraus, schießt
man sich nicht die Lichter aus.

Ist ein Gegner nicht zu packen, harrt
man besser noch im Windschatten.

Wird gebolzt bis zum Abwinken,
gehst besser einen Cappu trinken.

Ist zu krass dir das Gesause, erwäge
eine Pinkelpause.

Fühlst du Laktat sehr hoch dosiert, ist
das Tempo stark forciert.

Kommst vom Training unerschöpft,
wird zu Haus Verdacht geschöpft.

Hast vom Rennen harte Wadeln,
musst sie wieder locker radeln.

War die Taktik für die Katz, haust
dem Käpt'n auf den Latz.

Wenn der Kapitän verzweifelt flennt,
haben die Helfer meist gepennt.

Wirst beim Sprinten du geblockt, hast
dich in der Position verzockt.

Hast du mal nen Platten, müssen
deine Kumpel warten.

War die Strecke dir zu weit, bereitet
die Rückfahrt dir viel Leid.

Hats das Trikot dir mal zerfetzt, ist es
sicher auch mit Blut benetzt.

Hats dir beim Sturz den Helm entzweit, ist der Sanka nimmer weit.

Ist beim Sturz das Bein gebrochen,
kommt der Fahrer meist gekrochen.

Musst du dich im Ziel dann überge-
ben, wird's hoffentlich ne Prämie geben.

Kämpfst du als Zweiter dich ins Ziel,
bleibt vom Ruhme meist nicht viel.

Liegt der Radler platt im Zimmer,
kann er nimmer.

Mit abgefahrenem Profil wird's in der
Abfahrt diffizil.

Machst beim Kreiseln einen Schwen-
ker, haut's die Nachbarn übern Lenker.

Sind dir Verfolger hinterher, geht
meist Atemnot einher.

Lässt du die Gruppe einmal zieh'n,
kommst allein nie wieder hin!

Ist der Asphalt rau und schlecht, geht
das Rumpeln aufs Gemächt.

Wenn du meinst Radfahren tut weh,
dann bleib weg von Paris - Roubaix.

Ist die Atmung kurz und heftig, wird
gekurbelt, und zwar kräftig.

Klebt der Biker platt am Baum, war
der Verlauf nicht grad a Traum.

Berührt ein Knie unsanft die Riesel,
hört man gleich ein lautes Gewinsel.

Hat sich das Felgenband verscho-
ben, wird alsbald das Rad gescho-
ben.

Wenn zum Vordermann ne Lücke
klafft, liegts meistens an der Antriebs-
kraft.

Hast du genügend Power am Pedal,
wird's für den Hintermann zur Qual.

Fährst mit Doping du zum Sieg,
herrscht im Fahrerlager Krieg.

Ohne Doping ein Renngewinn, macht
nicht nur für den Fahrer Sinn.

Hast am Hintern eine Warz'n, kanns
beim Kurbeln a weng knarz'n.

Holst mit Doping nen Pokal, ists wirklich ein Skandal.

Hast das Training hinter dir, gönn dir
gleich ein Weizenbier.

Ist das Rennen grad vorbei, schütt dir
glei a Eiweiß nei.

Ist dir die Kette mal gerissen, war sie
vermutlich arg verschlissen.

Mit teurem Rad und feschen Hosen,
lässt sich's gut beim Rennen Posen.

Ist dir gutes Rad zu teuer, kauf es
nächstes Jahr, nicht heuer.

Einen Rahmen aus Carbon, braucht
man heut zu Tage schon.

Fahren sich die Helfer früh kaputt,
hilfts dem Käpt'n gar nicht gut.

Ist der Käpt'n schon früh blau, steh-
len die Helfer ihm die Schau.

Siehst du den Leader nur von hinten,
musst dich a bissl besser schinden.

Ist das Schlüsselbein zerschmettert,
der Gestürzte auf die Bahre klettert.

Ist die Abschürfung extrem, fühlt
sich's an wie starke Wehen.

Das Regnen tut dem Radler gut,
wenn es endlich aufhören tut!

Krampft die Wade einmal kräftig, war
die Geschwindigkeit zu heftig.

Ist des Wadl gut trainiert, radelt sich's
auch wie geschmiert!

Und sind die Beine noch so schwer,
es muss a kurze Ausfahrt her.

Ist das Rennrad dir mal lästig, nimm
das Mountie und fahr lässig.

Geh in der Off-Season, von der
Straß' mal auf die Wiesn!

Musst beim Rennen einmal bieseln,
lass es links hinunter rieseln.

Ist der Steuersatz mal locker, wird die
Abfahrt schnell zum Schocker.

Hast in der Gabel einen Riss, ist ein
Sturz dir meist gewiss.

Kommst auf ein Gleis mit einer Wei-
che, bricht meist mehr als nur ne
Speiche.

Hast im Frühjahr zu viel Speck,
kommst auch mühsam nur vom
Fleck.

Laufen die Beine mal nicht rund, ist
der Hintern auch bald wund.

Zum Glück landet bei starkem Regen, das meiste Wasser nur daneben.

Leuchtet die Scheibe rot vor Glut, saust du bergab mit großem Mut.

Fährst im Training fünfundvierzig, findet's die Gruppe meist nicht witzig.

Fliegt die Wespe ins Trikot, kommst du bald in höchste Not.

Sitz der Rennfahrer beim Arzt im Zimmer, fährt er meist ne Weile nimmer.

Liegt Split breit auf der Straße, liegst schnell mal auf der Nase.

Bohrt sich Split unter die Haut, hat's dich plötzlich hin gehaut.

Rinnt der Schweiß mal zäh und salzig, ist der Anstieg schier gewaltig!

Klickt die Platte ins Pedal, ist auch heftig Gerüttel dir egal.

Liest am Tacho 200 km plus, freust dich auf den Tages-Schluss.

Wenn dich das Tempo mal sehr wundert, zeigt Pulsuhr um die zweihundert.

Klebt der Riegel zäh am Rahmen, sagst nach dem Mampfen leise Amen.

Haut's dir ein Stöckchen in die Speichen, liegst gleich flach wie echte Leichen.

Auch mit nem Rahmen aus Carbon,
fährt man nicht automatisch vorn.

Ist der Rahmen steif und hart wird's
bei den Wurzeln gar nicht zart!

Wer bremst verliert, wer nicht bremst
abschmiert!

Über Wurzeln möcht man fliegen und
danach die Kurve kriegen!

Über ne Scherbe in der Karkasse
freut sich nur des Händlers Kasse.

Bist beim Downhill du zu flott, ist dein
Körper bald schon Schrott.

Fährst du verwegen auf Abwegen,
musst oft abwägen wegen den Wegen!

Bist du nimmer allzu jung, mach
mehr Touren mit Einkehrschwung.

Ist des Leben mal ned schee, fahr
Rad am Gardasee.

Nach dem Radl-Marathon hast garantiert Haxen wie Beton.

Nach ner Alpenüberquerung erntest
in der Szene du Verehrung.

Die Radler, die ganz Bunten, sehen
oft aus wie Tunten!

Riechst du nach Schweiß und Salz,
wird's Zeit für Getränke aus Hopfen
und aus Malz.

Hefekaltschalen entlohnen dich für
lange Qualen.

Wird der Sprint zum großen Drama,
pfeifst du aufs Panorama!

Entfleucht dem Führenden ein Pfurz,
ist es dem Hintermann nicht schnurz!

Fährst a Radl du mit Strom, verspürst
du Spaß darauf, enorm.

Fährst beim E-Bike du den Akku leer,
gehts auf einmal doppelt schwer.

Hängt dir raus die Zunge, pfeift vermutlich auch die Lunge.

Läuft der Speichel aus den Winkeln,
wird's Zeit für ne Pause, nur zum Pin-
keln.

Und nach der großen Hatz, gönn an
Cappu dir, an einem schönen Platz.

Hast im Rennen Zeit zum Winken,
fährst vermutlich ganz weit hinten.

Nach einer Tegernseer Rund'n, lass
dir's im Bräustüberl noch munden.

Hast grad zu wenig Motivation, nervt
des Kumpels Telefon.

Fährst auf der Rolle du im Keller, bist
im Frühjahr draußen schneller.

Steck immer reichlich Kohle ein und
kehr auf Alm oben dann lässig ein.

Mit edlen Radler Brillen, lässt sich's
beim Eisdealer cooler chillen.

Ist die Garage erst voll mit Radl, ver-
lässt dich bald dein liebes Madl.

Spürst ein Grummeln vom Bauch bis Nacken, mußt vermutlich nur mal g'scheit Kacken.

Auf den schicksten Kerl im Peloton, freuen sich im Ziel die Damen schon.

Siehst am Radl a fesche Maid, macht die Ausfahrt doppelt Freud.

Zieht ein Madl an dir vorbei, zieh ganz schnell dei Wamp'n ei.

Kommt der Radler in die Jahre, fährt er nur noch Edelware.

Hast du noch ein Radl ohne Dämpfer, bist wahrscheins ein alter Kämpfer.

Hast vom Radeln du genug, fahr einfach mal ein Stück im Zug.

Check die Strecke erst und das Profil, sonst wird's am End dir noch zu viel.

Hab stets einen Riegel du dabei, oder besser noch: nimm zwei.

Auf langer Tour bedenke: nix geht ohne Getränke!

Die viele Pasta im Trainingslager, hält dich sicherlich nicht mager.

In Abnehm-Phasen ernähren sich die Radler wie die Hasen.

Fährst du noch knapp bei Rot, bist eventuell bald tot.

Weht dich in den Graben der nahe Truck, geht dir Radsport voll aufn Sack!

Man hupt dich von der Straße weg,
fährst du nicht auf dem Radlerweg.

Ist der Radweg voll mit Rieseln, be-
nutz ihn nur für einen Stopp zum Bieseln.

Hupt der Wagen hinter dir, an der
Ampel schnappst ihn dir.

Blitz bei dir die Radar-Falle, bist ein
Held, und zwar für alle.

Bist am Zwickel wund gescheuert,
wird beim Gehen rumgeeiert.

Hast du Wunden von oben bis unten,
wirst vom Doktor eingebunden.

Tuts dich in den Graben stauchen,
können's dich als Helfer nicht mehr
brauchen.

Wird beim Zielsprint hart gefoult, wird
bei der Ankunft rumgemault.

Wegen Schmerzen in den Beinen nur
Fußballer rum weinen.

Ist dein Sturz auch brachial, bewahre
Haltung, bei aller Qual!

Kommt ein Anfänger ins Peloton,
geht allen gleich die Muffe schon.

Wer bremst verliert, wer nicht, tou-
chiert!

Fahr ein Rennen nie von vorn, sonst
hast du's sicher schon verlorn.

Fährst dein Rennen smart und
schlau, fahren sich die andren grau.

Abgehängt kann man sich plagen
oder chillt relaxt im Besenwagen.

Stürzt der Sprinter kurz vorm Ziel,
wollt er beim Massenspurt zu viel.

Steht vor dir ein stures Rind, dreh lieber um, und zwar geschwind.

Stehst auf der Alm vor einer Kuh,
schieb vorbei in aller Ruh.

Ein Hund und sein Gebell, macht
dich in aller Regel schnell.

Bist oben du am Gipfel schon, er-
hältst du sogleich den ganzen Lohn.

Mit Vollgas jetzt bergab du saust, bis
dein lockig' Haar zerzaust.

Auf glattem Eis du oft schon schlit-
terst, noch ehe du die Glätte witterst.

Knallst du mal auf den Rasen, pflück
gleich Blumen, für deinen Hasen.

Bei einer Landung auf dem Teer, fällt
das Weiterfahren schwer.

Eine Landung auf dem Oberrohr
kommt zum Glück nur selten vor.

Knallt dir dein Sattel in den Schritt,
bekommt es sogleich jeder mit.

Es strömt der ganze Schweiß, beim
Bahnfahren im Kreis.

Stürzt du im Kriterium, fällt meist
nicht nur einer um.

Beim Downhill brauchst viel Feder-
weg, sonst rüttelts dich vom Radl
weg.

Zum Preisgeld für nen dicken Benz,
führt nur ein dicker Gang und Trittfrequenz.

Nach harten Rennen sollst du chillen,
sonst braucht's bald mehr als starken
Willen.

Läuft „Tour de France" in deinem
Haus, gehen die Mitbewohner derweil aus.

Fährst fünfzig du im Schnitt, kommt
kaum noch einer mit.

Ist man nur noch Haut und Knochen,
muss man wieder anders kochen.

Nach dem Rennen cool im Pool?
Nein! Bringt mir einen Liegestuhl!

Läuft dir Sabber übers Kinn, frag ja
nicht nach dem Sinn!

Bist du im Ziel im Blitzgewitter, warst
du wieder einmal fitter.

Hörst du ein leises Pfeifen, hast bestimmt nen Dorn im Reifen.

Beim Kreiseln wie die Belgier, fahren
nicht alle nur dir hinterher.

Die Gruppe kommt gemeinsam an,
wenn der Hintermann dranbleiben
kann.

In der Nacht da ist es finster, im
Stirnlampenlicht da grinst er.

Hast du keinen Fahrradständer,
brauchst so was wie ein Geländer.

Guter Rad ist immer teuer, so wie
letztes Jahr auch wieder heuer.

Hauts beim Sturz dich in den Matsch,
macht's beim Aufschlag sicher
platsch.

Hast du Flausen nur im Hirn, macht
das Training keinen Sinn.

Bist du platt und leer, gönn dir eine
Pause beim Masseur.

Nur ein Blick aufs Peloton und man
verliebt sich in manch Fahrrad schon.

Vieles macht man besser sanft, aber
nicht, wenn man in Pedale stampft.

Liegen Räder kaputt im Keller, war
der Radverkäufer schneller.

Werkzeug und nen Fahrradschlauch,
braucht man bei kleinen Touren
auch.

Kummer und Sorgen, bleiben bei der
Ausfahrt verborgen.

Pässe fahren in den Dolomiten, bald
werde ich mir ein E-Bike mieten.

Straßen eben und kerzengrad, da
wird mir schon beim Anblick fad.

Im Gelände tut's oft heftig rumpeln,
nach Hause wir nicht selten humpeln.

Im Besenwagen muss man sich nimmer plagen.

Über den Fahrer dessen Rad laut klappert, wird in der Regel schlecht geplappert.

Geräusche von der Kette? Oft fehlen nur die Fette.

Berstet dir ein Kettenglied, war er zu schwach, der eine Niet.

Schießt du ums Eck, wie ein Schwein, haut's den Frosch von seinem Stein.

Kommst als Letzter du ins Ziel, war die Etappe heut kein Spiel.

Beim Schalten unter voller Last, du schnell mal einen Klemmer hast.

Wenn es donnert und auch blitzt,
man besser in der Kneipe sitzt.

Nach Tropfen auf der Radlerbrille,
folgt meist der Griff zur Regenhülle.

Auf einer eisigen Bahn kann man mit
Spikes viel besser fahrn.

Bei Blasmusik und Bretteljause ge-
nießt man nach dem Renn-Gesause.

Entzweit die Felge voll Entsetzen,
fliegen sogleich noch andere Fetzen.

Krabbelst du aus dem Gebüsch, setz
dich kurz hin und mach dich frisch.

Ohne Performance oder Antriebs-
kraft, wird man im Race gleich abge-
straft.

Es Post der Poser gern, vom Zwei-
kampf hält er sich dann fern.

Im Radsport rollt trotz Siegesjubel,
selten nur der große Rubel.

Auch wenn die Kohlen meist nicht
stimmen, wir tun uns gern am Rade
trimmen.

In den Augen schon ein Flimmern, es
hilft kein Klagen und kein Wimmern.

Und ist dein Magen noch so flau,
denk an den Spruch: Quäl dich du
Sau!

Radsportler müssen Rennen fahr'n,
sonst ist das ganze Training nur a
Schmarrn.

Hoher Puls und Trittfrequenz ist des
Radlers Dekadenz.

Auch wenn man nicht mehr will, die
Beine halten sich nicht still.

Wenn's beim Schalten lautstark
kracht, das ganze Fahrerlager lacht.

Das feinste Rad, schmal und leicht,
im nächsten Jahr schon nimmer
reicht.

Es muss ein neuer Renner her, dieser hier ist viel zu schwer.

Tut ein Auto mal nicht blinken, wird
der Radfahrer bald hinken.

Für die Sicherheit ist es das Beste,
das Fahren mit ner gelben Weste.

Es macht ein Helm so richtig Sinn,
knallt man plötzlich mal aufs Hirn.

Im Herbst machen wir keine Meter,
schon gar nicht bei schlechtem Wetter.

Oft ist gescheiter eine Pause als un-
nützes Gesause.

Wenn du's eilig hast, fahr ohne Hast.

Bleib cool in einem Race, überlass
anderen die Pace.

Es hilft das beste Radl nicht, wenn es
fährt ein dummer Wicht.

Wir lernten schon von unsren Vätern:
man lernt zuerst auf alten Rädern.

Knallst du in die Seitenplanke,
kommst sicher in das Haus für
Kranke.

Fällst du tief in ein Tal, erwachst du
erst im Hospital.

Siehst nen Arzt du beim Erwachen,
tat es vorher richtig krachen.

Der Rennverlauf, der war beschei-
den, diesen wird dir keiner neiden.

Du warst erst gut im Rennen, wenn
deine Gegner flennen.

Kratzt die Kurbel am Asphalt, lässt
dich das gar nicht kalt.

Wenn man durch die Kurve schlittert,
schaut man dabei meist sehr verbit-
tert.

Kommst du aus dem Pedal nicht
raus, ist es mit dem Spaß gleich aus.

Tut der Radler mal nicht fasten,
kämpft er schnell mit Körperlasten.

Ist dir ein Gegner mal zu schnell,
liegts selten nur am Ketten Öl.

Bist ohne zu essen du gerast, kommt
er bald, der Hungerast.

Klotzen und nicht kleckern, bolzen
und nicht meckern.

Lieber das Gelände rocken, statt faul
nur vor dem Fernseher hocken.

Das Schoppen in der Bike Boutique
ist und bleibt des Radlers Tick.

Und ist dein Rad auch nimmer schön,
es ist cooler als zu Fuß zu gehen.

Ein altes Rad hält man in Ehr, denn
sich zu trennen fällt sehr schwer.

Kommt man nimmer hinterher, muss
leichteres Equipment her.

Fahr mit Obacht in der Gruppe, denn
den andren bist du schnuppe.

Keine Gnade für die Wade. Schade.

Das Gefühl, wenn gleich der Schenkel platzt und die Zunge bald am Asphalt kratzt.

Ein Sieger hält erst still, wenn er nimmer will.

Im Velodrom geht's richtig rund, bis
einer stürzt, dann ist er wund.

Am Straßenrand wird laut gefeiert,
wenn der Held kaputt den Berg hoch-
eiert.

Für einen Hammer-Ritt brauchst einen krassen Tritt.

Beim Sprint brauchst eine gute Nase,
sonst gibt's statt Pokal nur eine Vase.

Bist du dem Sprinter mal zu schnelle,
stoppt er dich mit seiner Elle.

Es ist und bleibt ne Schande, schubst
man den Gegner in die Bande.

Im Schritt ist auch ein Radler zart und
zu allem Überfluss der Sattel hart.

Im Sprint da brennen die Beine, im Ziel gibt's dann die Scheine.

Für einen Pokal die ganze Qual? Du hast die Wahl!

Nach all dem Quälen, geh Schafe zählen.

Einst noch Siege, und zwar viele, jetzt nen Stammplatz, in der Eisdiele.

Überlass andern die Hatz und nimm beim Wirt den ersten Platz.

Mit Cola oder Zucker Gel, ist man nur am Ende schnell.

Fällst du in Unterzucker, macht die Kurbel keinen Rucker.

Erklimmst als erster du den Pass,
hattest du sicher deinen Spaß.

Bei einer Tour kann man relaxen, bei
„der Tour" fliegen die Fetzen.

Tourt man durch Schottland welch
ein Graus, muss man oft bei Regen
raus.

Daheim ist unser Sport nix wert, im
Süden wird man sehr verehrt.

Bergauf ziehen wir die Wampe ein,
bergab läufts dann von ganz allein.

Wiegt der Fahrer schon sehr schwer,
bringt Bike-Tuning auch nichts mehr.

Schaltgeräusche in deinem Ohr? Be-
reite dich auf Tempo vor!

Hörst du die Ketten lautstark krachen, hast du bald nix mehr zu lachen.

Fahr nie mit vollem Bauch, sonst
schmerzt der dir dann auch.

Fahr nie mit vollem Darm, sonst
wird's bald in der Hose warm.

Fahr nie mit voller Blase, sonst musst
ins Gebüsch bald wie ein Hase.

Fahr nie mit leerer Flasche und hab
stets nen Riegel in der Tasche.

Hab stets eine Pumpe du dabei und
nen Schlauch, oder besser zwei.

Ein Spannschloss für die Kette, man
bei einer Panne gerne hätte.

Ohne ein Gerät zum Nieten, kann
man keine Kette nieten.

Mit einem Riss in den Speichen wird
das Rad zum Achter weichen.

Nur wegen Felgen aus Carbon, fährt
man heut keinem mehr davon.

„Dein Puls" ist nicht viel wert, denn
allzu oft fährst du verkehrt.

In der Gruppe oft zu schnell, doch allein ich mich nicht quäl.

Fährst du aus in großen Herden,
kann die Fahrt sehr lange werden.

Aus dem Haar bläst Dir die Schup-
pen, bei flotter Fahrt in schnellen
Gruppen.

Ein Straßenrand mit tollen Puppen,
motiviert auch noch die hinteren
Gruppen.

Geht's nebeneinander noch so super,
es gibt vom Auto einen Huper.

Fährst auf der Straß' du nicht nach
Recht, wird beim Wachtmeister ge-
blecht.

Ein Hund an langer Leine, kann dir
schnell noch an die Beine.

Es düst der Radfahrer, auf Forstweg,
Schotter oder Teer, danach, da ist er
leer.

Der Radler radelt immer mehr, sonst
er ja kein Radler wär.

Mit dem Bike in der Natur, ist gut für
Seele und Figur.

Schön ist eine Fahrradreise, wenn
Wetter günstig und auch die Preise.

Rad Vagabunden, frei und ungebun-
den, fern der Heimat, hoch am Berg,
im Tal ist man ein Zwerg.

Hoch am Gipfel, weit und klar, gleich
geht's bergab, - wunderbar.

Einsam radeln, Sinne frei, fällt dir
manch Reim von selber ei.

Auf dem Bike so manchen Stress,
nach einer Weile ich vergess.

Wirst vom Job du müd und müder
bewege deine Kettenglieder.

Auf dem Tandem Spaß zu zweit,
welch ein Tag, hob i a Freid!

Hab Freud nicht am Radeln nur,
schür auch mal die Wanderschuah!

Von drauß' vom Walde komm ich
her, ich muss euch sagen da rum-
pelt's sehr!

Als junger Kerl bolzt man herum, im
Alter fehlt dann meist der Mumm.

Wir fahren heut gemütlich, doch das
stimmt dann meist nicht wirklich.

Wenn's heißt es wird G1 gefahr'n,
ahnt man schon, der redet Schmarrn.

Erst G1 und dann G2, kurz K3 und
dann SB, erst dann ist Radsport wirklich schee.

Ist der Sattel durchgesessen, ist der
Radler angefressen.

Oft wird gefightet wie besessen, wo
Gelassenheit wäre angemessen.

Fliegt dir eine Wespe in den Schritt,
ists gleich vorbei, mit dem runden
Tritt.

Saugt man sich eine Biene ein, hört
man gleich ein lautes Schreien.

Es hält sich lang schon das Gerücht,
mit schweren Beinen fährt man nicht.

Müde Glieder belebt man nur durch
Pausen wieder.

Wer sich immer nur ermüdet, ermüdet.

Leg die müden Beine auf den Tisch,
nur so wirst du wieder frisch.

Erst nach der Regeneration fährt
man anderen davon.

Übe auch mal Sprinten, sonst finishst
du nur hinten.

Hör auf zu weinen, trainier die Kraft
in deinen Beinen.

Auf dem Spinning Bike mit Wieder-
stand, er zu alter Stärke fand.

Fahr mit Kumpels eine Tour und nicht
zur nächsten Wirtschaft nur.

Hast nen Wasserträger dann sei froh,
wenn er an dich ran kommt doppelt
so.

Laut schallt es aus dem Megafon:
fahr den anderen davon!

Manch geöltes Radlerbein glänzt
doch nur im falschen Schein.

Ist die Wade epiliert, fährt sich's völlig
ungeniert.

Im Teamfahrzeug tut man sich leicht,
weil man ja nur die Beutel reicht.

Wird der Reifen langsam weicher,
hast du sicher einen Schleicher.

Hörst du am Start die Klickies kli-
cken, kannst alle Regeln erstmal kni-
cken.

Am Start die ersten Meter, nur Mor-
dio und Gezeter!

Im Ziel ist man dann sehr gefasst,
doch bis eben hat man sich gehasst.

Und komm auch ich mal in den Himmel, werde ich Roter-Radler-Engel.

Die Entscheidung fällt am Poggio,
non solo al'arrivo.

Hinten muss man sich genauso
schinden.

Auf der Champs Elysees ists in Gelb
besonders schee.

Man erkennt unschwer an seinem
Ton, die Verdauung in einem Peloton.

Hinterlasse nirgends deinen
Schmutz, wenn ich dich erwisch dann
brauchst du Schutz.

Erscheint dir der liebe Gott, warst im
Downhill viel zu flott.

Mit der Gabel jagt der Senner, Bike
Rowdys und andre Penner.

Nach dem Überwintern hat man oft
nen dicken Hintern.

Beim Querfeldein mit einem Crosser,
hört man beim Abflug schon mal ein
„Hossa".

Domestike vielen Dank, durch dich
steht der Pokal im Schrank!

Nimm Rücksicht auf die Wanderer,
sonst jagt dir mal einer hinterher.

Kette rechts, ist so a Sach',

hoffentlich ist es nur flach.

Felge, Speiche, Speichen-Mutter, gut
zentriert, alles in Butter.

Hornhaut an deinem Po? Macht nix,
sei doch froh.

Ist der Hintern wundgerieben, wirds
dem Sattel zugeschrieben.

Spieß niemand auf mit deinem Lenker, mach noch schnell nen kleinen
Schlenker.

Ist das Kettenspray mal leer, läufts
auf Tour besonders schwer.

Hast kein Öl für deine Kette, versuch
derweil mal andere Fette.

Fährst allein im Gegensturm, fühlst
dich wie ein kleiner Wurm.

Es hilft nur Gott und eine Bremse,
springt hervor eine Berggämse.

Auf der Alm da gibt's koa Sünd, so-
lang man den Oehi nicht erzürnt!

Und magst dich mal nicht schinden,
musst dich halt überwinden.

Erst auf dem Kanapee war eine Ausfahrt richtig schee.

Vom Senn da gibt's a Watschn,
fährst quer über den Alm-Rasen.

Manchmal gönne dir, nach einer
Schorle auch ein g'scheites Bier.

Nach Schinderei mit lautem Fluchen
beruhige dich mit einem Kuchen.

Über Schotter, Wurzeln und auch Steine, angetrieben nur mit Beinen.

Radsport ist sonst sehr gesund, es wird höchstens mal der Hintern wund!

Es war umsonst die ganze Hatz, fährt der Gegner dir vorn Latz.

Es platzt einem der Kragen, wird man Letzter, nach all den Plagen.

Stürzt man kurz vorm Ziel, wollte man zu viel.

Auf der Treppe steht der Sieger, nächstes Mal fahr ich ihn nieder.

Stinkend und im Renngewand, aber mit dem Siegerschampus in der Hand.

I fühl mich grad so frei auf meinem
Bike, morgen tu i nix, i streik.

Steig auf und fahr, dann wird dir alles
klar!

**Fast im Ziel noch eine Bitt', wennst
magst mach künftig einfach mit:**

Da ich bestimmt noch länger fahr,
gibt's bald Teil 2, das ist doch klar.

Und hast **AUCH DU** nen coolen
Spruch, schreib ich ihn gern ins
nächste Buch.

Schick ihn in einer Mail zu mir, ich
füg ihn ein, mit Gruß von dir.

Uwe.eibel@fit-plus.de

Kommt a bissl Kohle rei, aus der Auf-
lage Nummer zwei, spenden wir das
Geld, dorthin wo es grad fehlt

Willst einen Radler du beglücken,
solltest ihm dieses Büchlein schi-
cken.

Kennst du nen Radler, mach ihm a
Freud, schenk ihm dies Buch und sei
sein Held.

Vielen Dank ihr Lieben, ich fahr jetzt
Rad und tus nicht schieben.

Auf geht's, Kette rechts!

*Freu mich riesig von euch zu hören
und zu lesen* ☺

Uwe

Zeitfracht Medien GmbH
Ferdinand-Jühlke-Straße 7
99095 Erfurt, Deutschland
produktsicherheit@kolibri360.de